KB110809

내일이면 그리울 오늘

살아보는 듯 여행하기

내일이면 그리울 오늘

초판 1쇄 인쇄 2017년 02월 06일
초판 1쇄 발행 2017년 02월 06일
지은이   이 가 연
펴낸이   손 형 국
펴낸곳   해피소드
출판등록 2013. 1. 16(제2013-000004호)
주소   153-786 서울시 금천구 가산디지털 1로 168,
        우림라이온스밸리 B동 B113, 114호
홈페이지 www.book.co.kr
전화번호 (02)2026-5777
팩스   (02)2026-5747

ISBN 978-89-98773-17-5 03920

하루가 가고 하루가 오고 있다.

내일이면 그리울 오늘

글 이가연

행복한 이야기 해피소드 HAPPISODE ™

프롤로그

"네가 좋은 사람이란 걸 우리는 알아. 우리는 그래서 너를 판단(평가)하지 않을 거야. 너는 정말 잘하고 있어. 말하고 싶으면 말하고 하고 싶은 대로 해."

-본문, 느린 대화 중

여전히 해낸 것보다 말만 한 것이 많고, 시작만 하고 끝을 내지 않은 것이 많다. 그러나 **항상 모든 것을 매듭지어야 할 필요는 없다**는 걸 깨달았다. 완벽, 그 틀을 깨뜨리고 나니 무언가를 완성해야 한다는 압박은 더 이상 나를 찾아오지 않았다.

더는 내게 무거운 것이 아니었다. 모든 선택은 내가 해온 것이고, 할 것이고, 해도 되는 것이다. 나는 짧다면 짧고 길다면 긴 여행을 행복하게 마무리했다는 것만으로도 가슴 벅차다.

그리워질 하루가 가고 그리울 하루가 오고 있다. 이것만으로도 설레는 하루하루를 여행했고 그러한 오늘을 살고 있다. 당장 내일도 다가올 그다음 날도 나는 말만 하고 하지 않는 것들, 시작만 하고 끝내지 않을 것들이 많을지도 모르겠다. 몇 년 전에는 자기계발서가 유행했다면 지금은 힐링 서적이 유행하고 있다고 한다. 그만큼 나를 어떻게 설계하고 높아질지 보다도 내 마음의 여유가 필요한 시대를 살고 있다.

일상에서도, 여행하면서도 **하루를 행복하게 마무리하기 위해 '나'**

를 가장 **최우선시하는 것**. 내가 좋아하는 것을 하루 두 개씩 하는 것. 예를 들면 자기 전에 좋아하는 영화를 보다가 잠이 든다거나 약속 장소로 가는 길에 꽃집에서 꽃을 사서 오늘 만날 누군가에게 선물하는 것. 그런 소소하면서도 바로 옆에 있는 것들.

"지금 하지 않으면" 이란 나의 다짐은 무언가를 해야만 하는 압박이 아니다. 오지 않을 미래를 위해 **지금 이 순간의 행복을 포기하는 것이 아니라** 당장 지금과 내일, 내일모레 행복을 위해 되뇌는 것이다. 하고 싶은 것이 있으면 다시 오지 않을 이 순간에 도전해보는 용기가 되어주는 다짐. 그리고 힘든 상황에서 항상 힘이 되어주었던 "최악은 아니니까"를 외칠 것이다.

나는 이야기가 많은 사람이 되고 싶다.

오늘의 일기

아침_ 여행 시작

점심_ 여행 중

저녁_ 여행 마무리

부록_ 사진 찍는 팁

아침

\- 여행 시작

나를 기분 좋게
하는 아침 햇살.
매일 아침 햇빛 그림자 보며 웃으며 눈을 뜬다.

날이 좋아 창문
밖으로 발을
꺼내 세상구경
시켜준다.
언제 네가 하늘을 또 보겠니.

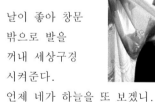

눈을 떴을 때
하늘을 보며 오늘
무얼 할지 생각하는 이 순간이 좋다.

특히 창문을
열었을 때는
내가 영화 속에
있는 것 같은
이 기분 덕분에
아침부터 참 설렌다.

햇빛 그림자에
신이 나서 사진 찍고 놀기.

아침 먹으러
내려오니
다양한 종류의
시리얼과 잼이
나를 기다리고 있다.

따뜻하게 데운 우유에 시리얼을 넣고
차가운 식빵을 토스터에 넣어
바삭하게 한다.

아침 먹으며 기분 좋은 하루 시작.

점심

- 여행 중

타워브리지를 건너와 반대편에 앉아 둘러보니 옆에 있는 많은 사람들이 그저 가만히 앉아있었다. 햇빛에 누워 낮잠도 자고 노래를 듣기도 하고 각자에게 '그냥' 있는 시간을 주고 있었다. 다음 일정을 계속 생각하고 있었던 나는 무언가를 해야만 한다는 압박 속에서 아직 벗어나지 못했음을 느꼈다. 꼭 많은 걸 볼 필요도 의무도 없다.

내가 마음에 드는 길이 있으면 방향을 바꿔 들어가 보기도 하고 지나온 길을 되돌아보기도 하며 그 자유로움을 느끼는 것.

행복하다. 일상에서 느꼈던 무언가를 해야만 한다는 압박과 크고 작은 관계들에서 오는 걱정들과 마음 불편하게 하던 것들이 이곳에 온 후로는 생각도 들지 않았다.

쉴 새 없이 무언가를 해야만 하는 압박에 해야 할 것들을 찾았고 찾은 후에는 그 일들로 인해 스트레스를 받았고 해야 할 일이 없어지면 또 그 없는 이유로 스트레스를 받아 했다. 항상 내 머리에는 이런저런 고민으로 꽉 차 있었고 밤에는 그 걱정들이 하나둘 모여 잠이 오지 않았다. 그것들을 정리하지 않으면 잠이 오지 않을 정도로 나를 괴롭혔었다.

그런데 그저 가만히 있는 모습들을 보며 앉아 있는데, 이유 모를 여유로움에 행복하고 머리가 맑아지는 기분이었다. 고민과 걱정이란 건 멀리 떨어뜨려 놓으면 생각보다 가벼운 것일지도 모르겠다.
그 걱정과 고민의 근원은 생각하며 찾으려 해도 찾기 힘들었던 무
언가가 아니라 '나' 하나였다.

_타워브리지를 보며 가만히 앉아 있는 것

아일랜드 딩글
비가 계속 온다고 했는데
해가 떠서 신났지.

동행한 오빠1)는 한국에서 한 학기를 남겨두고 휴학하고 온 것이 후회되신다며 오고 나니 더블린에 정착하고 싶어지셨다고 했다. 그러면 졸업하고 다시 오시라 했더니 현실적으로 다시 오는 것을 마음 먹기가 쉽지 않을 것 같다고 하셨다.

사실 이 말은 너무나 익숙한 말이다. 한국에서는 왜 "현실"을 보게 되는 건지, 왜 여기서 사는 것은 현실이 아닌 건지. 여행을 준비할 때 내가 가장 싫어했던 시선이 내가 현실감각이 없어 보이는 것이었다. 그 현실에 대한 규정은 어디서 나온 것일까. 내가 살아야 할 인생은 내가 살아온 인생보다 더 길다. 고작 이 작은 시간들조차도 내가 하고 싶은 것들을 하지 않고 산다면 평생 나는 즐기는 법을 모르고 더 넓게 보는 생각도 가질 줄 모를 것이고 여유 있는 사람도 되지 않을 것이란 생각이 들었었다.

대학을 휴학 없이 졸업한 다음, 취직해서 자리를 잡으면 30대에는 안정적일까? 어찌 되든 시기가 오면 결혼을 하겠지. 그다음은 애를 낳겠지. 이런 삶이 한국에서의 전형적인 현실의 길이라는 인식이 내 머릿속에 있다. 다만 내가 싫었다.

내가 휴학을 하지 않고 여행을 떠나오지 않았다면 다시는 허락되지 않을 것만 같은 이 시간이 너무 무섭게 느껴졌다. 화려한 삶을 살지는 못하더라도 내가 하고 싶은 것을 찾아서 여기서 살아보고 싶

---

1) 아일랜드 더블린에서 워킹홀리데이를 하는 유학생.

다고 했다. 그랬더니 오빠는 나에게 **"그렇게 살면 돼. 하면 돼"** 라고 하셨다.

그래서 나는 "제가 하고 싶은 말이에요. 하세요. 왜 저한테는 그렇게 조언하시면서 정작 본인은 돌아가면 마음먹기 힘들어질 거라 하세요." 라고 말했다.

_아일랜드 더블린의 근교 가는 길 버스에서

"취업해야지", "너 나이"

이 말에 오늘 하루 멍한 채로 돌아다녔던 것 같다. 아등바등 각박하게 살아봤자 크게 달라지는 것이 없더라, 열심히 살아봤자 나만 힘들더라고. 그런데 똑같이 내가 그 생활을 반복하고 있다고 여행하며 여유를 배워오란 엄마 말의 의미를 나는 조금 확대해석했었을지도 모르겠다. 그래도 서운했다. 여행하면서 나에 대한 생각이 정말 많아졌다. 나는 부족한 것이 많은 사람이다. 하지만 내가 정말 하고 싶은 것이 있다면 정말 열심히 노력해서 결과로 얻었던 것 같다. 성취감을 아는 내가 좋았고 '하면 되는구나.' 라고 생각할 수 있는 내가 좋았다. 많이 보고 많이 느낄수록 하고 싶은 것이 많아졌다. 남은 여행 기간은 어떻게 보내야 할까, 한국에 돌아가서는 어떤 것을 해야 할까를 매 순간 고민하고 있었다. 그런데 오늘은 꿈에서 깬 기분이 들었다.

모르겠다. 내가 지금 하는 여행이 여유를 위한 것이었는지 취업 전 다녀온 유럽여행이었는지. 조금은 슬픈 하루.

_정해진 길로 가는 것

아일랜드 더블린 시내에 있는 **피닉스 파크**.
공원에서 대자연을 만날 수 있는 곳이었다.

피닉스 파크 안에서 걸어서 대략 30분 직진 후,
왼쪽으로 가면 만날 수 있는 예쁜 사슴들.

내꺼야. 사슴아!

무언가를 할 때

'늦었어.'

라고 생각하는 것 자체가 남들과의 비교에서 나온 말이지 않을까.

'남들 시선에서 벗어나기'. 가장 어려운 일이면서도 조금만 이겨내려 하면 정말 나에게 집중할 수 있는 시간이 많아지는 것 같다. **나와 다르다고 남들이 틀린 것이 아니듯 다들 각자 어떤 것을 함에 있어 시작점과 끝점이 다를 뿐이다.**

생각에 따라 지금 이 시간, 이 순간들을 적절한 시기로, 적절한 과정으로 본다면 나 자신을 조금 더 사랑할 수 있지 않을까.

잘하고 있어. 늦지 않았어.

_남들 시선에서 벗어나기

유럽에서 맞은 세 번째 새똥.

아일랜드 더블린에서

새똥 맞고 급하게 구매한 티셔츠와 치마.
총 25유로의 행복. (한화 약 31,750원)

"찾을 거예요. 찾을 수 있겠죠. 찾을 수 있다고 생각해요. 찾고 싶어 하니까."

2)다혜와 하고 싶은 것이나 꿈, 푹 빠져서 하고 싶은 것들에 관하여 이야기했다. 우린 식사 내내 하고 싶은 걸 찾고 하고 싶은 것을 하자며 꿈에 관해 이야기했다. 어떤 친구가 이런 말을 했다고 했다. 너 자신이 되라고 늘 말해요. 나에 대해 자신감을 갖고 나를 알아가라고. 그 친구는 자기 자신에 대해 모르는 것이 없어요.

진짜 신선한 일이다. 내 인생이란 타이틀을 달고 살아가면서 삶에서 '나'에게 집중하는 시간이 얼마나 되었을까.

'너 자신이 되어라. 너에 대한 자신감을 갖고 알아가라.'

내가 좋아서 하는 일이 무엇인지를 적극적으로 이것저것 계속 찾으려 한다면 진짜 나를 알게 되지 않을까.

_나를 알아가며 꿈을 찾기

---

2) 브레이 해변에서 처음 만나 아일랜드의 추억을 함께 만든 소중한 친구.

더블린의 한 펍에서 우연히 대화하게 된 옆자리 두 명의 헝가리 사람들. 그들과 나눈 첫 대화는 꿈에 대한 대화였다. 전공이 아니라 진정 하고 싶은 것을 찾고 싶다고 이야기했다. 꿈을 찾았다는 헨리는 이렇게 말했다.

"Go on. Everything is possible.

나아가.　　　모든 것은 가능해.

I want and I like. So I want to be on."

내가 원하고 내가 좋아하면. 내가 원하는 사람이 될 수 있어.

노란 티 입은 애가 셔츠 입은 헨리를 가리키며 "애보다 내가 고등학교 때 공부 잘했어. 지금은 아니지만." 라고 하니 헨리는

"그건 지금 순간일 뿐이야. 노력하면 또 바뀔 수 있어." 라고 말했다.

_펍에서 만난 헝가리 친구들과의 대화

귀여운 노랫소리와 함께 자동차 소리가 나면
아이스크림 자동차가 와있다.
그럼 달려나가 아이스크림을 사 먹는다.

여행을 시작할 때 가진 생각.

'여행을 통해 무엇인가를 얻어가야지.'
'내가 좋아하는 것이 무엇인지 찾아야지.'
'내가 어떤 사람인지에 관해 생각해봐야지.'

무언가를 얻어가고 알아 가야 한다는 부담감. 그런데 그런 것들은 억지로 생각하려 하니 오히려 알기 어려웠던 것 같다. 이렇게 모든 일상의 것들에서 벗어나 혼자만의 시간을 갖다 보니 오롯이 나에 대한 집중도가 저절로 높아졌다.

나에게 집중하는 그 시간이 커질수록 이야기의 주제들도 바뀌었다. 딩글로 향하는 버스에서도 이야기의 주제는 '나'에 대한 것으로 향하고 있었다. 자연스럽게 무엇을 잘하며 무엇을 좋아하는지 이야기하고 또 이야기했다. 대화는 그러했다. 내가 좋아하는 것들 잘하는 것들을 이야기하다가 새로운 목표를 정하게 되고 새로운 꿈을 꾸게 되었다.

_이야기의 주제는 '나'

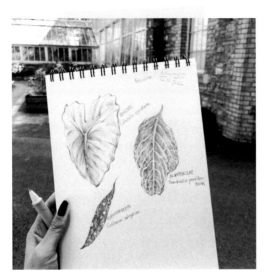

아일랜드 보타닉 가든에서
식물 구경하며 그림그리기.

현실에서 벗어난 이야기를 하자며 꿈에 관해 이야기를 했다. 같이 식사한 분께서 말씀하시길 회사에서 함께 일하는 50대 상사분들 조차도 내가 뭘 좋아하는지 뭘 잘하는지 모르겠다며 그런 것들을 계속 고민하고 찾으려 하신다는 이야기를 들었다. 내가 하는 고민이 늦은 것이 아니었고 만약 조금이라도 방향을 찾는다면. 아니. 찾지 못해도 찾기 위해 어떠한 행동을 한다는 것만으로도 '난 정말 행복한 인생을 사는 것이겠구나.' 라는 생각을 했다.

"월급이 마약이에요. 보너스는 더 큰 마약"

그래서 일을 관두지 못하고 현실에 안주하게 되고 다른 방향으로 눈을 돌리기가 힘들다는 말씀을 해주셨다. 경험하지 않아도 어떤 상황이겠거니 감이 온다. '나는 그러지 않을 거야.' 라는 말도 쉽게 뱉지 못하겠다.

다만 **하고 싶은 것이 현재 있다는 것. 두근거림을 안다는 것.**

_두브로브니크에서의 회식

여행하면서도 기분전환이 필요하다.
탈색만 하던 머리에 변화를 주고자
숙소 화장실에서 자르고 셀프염색.

오늘이 비록 힘들고 짜증나는 하루였을지라도
내일은 좋아하는 것 고민 없이 두개는 꼭 하세요.

다시 오지 않을 내일의 오늘을 위해

내일이면 그리울 오늘

뭘 해야 할지 모르겠어서 찾고 싶지만 찾는 것이 어려워서, 그래서 지금 하는 일을 관두기 무서워하는 친구들이 많다.

생각만 해서는 바뀌는 것이 없다.

여기에 와서 다른 나라, 다른 사람들의 인식들을 듣고 보고 느끼고 배우면서 가치관을 재정립하는 시간을 갖게 되는 것 같다. [3]다혜가 친구의 일이라며 말해준 이야기가 있다.

행복하지 않아 일을 관둔다고 하면

"네가 행복하지 않다면

다음 달 월급까지 줄 테니 관두고 다른 일을 찾아봐."

그리고 주변에서는 행복하지 않은 일을 관둔 것을 축하해준다고. 다 그런 것은 아니겠지만, 이 에피소드를 듣고 느끼는 것은 있다.

행복이 가장 중요시되어야 한다는 것.

_유럽 사람들의 행복에 관한 인식

---

3) 브레이 해변에서 처음 만나 아일랜드의 추억을 함께 만든 소중한 친구.

자다르에 도착. 버스에서 내려 숙소로 찾아가는 길에 덜컹거리던 캐리어에서 바퀴 하나가 떨어져 나갔다. 당장 투정부릴 곳도 없었기에 잠시 쉬다가 다시 출발한 지 5분. 손잡이가 꺾이더니 뽑혀버렸다.

캐리어도 부서지고 내 멘탈도 다 부서져 도착한 숙소에서 혼자 꽤 훌쩍거렸다. 혼자 여행이 길었던 것도 아니고 친구들과도 여행했고 동행도 했었는데, 당장 고장 난 가방을 끄는 순간. 고작 그 순간에 혼자라는 것이 서러웠던 것 같다.

계속 가방을 끌면서

"최악은 아니다. 최악은 아니다."

하며 숙소까지 걸어왔는데 리셉션에서 체크인하는 순간 울음이 터져서 엉엉 울었다. 기분이 좀 나아지고 나온 올드 타운에서 만난 미소 구름. 아일랜드에서 여유 있는 여행만 하다가 크로아티아에서 욕심낸 벌 인가보다. 원래 이틀만 머물 예정이었는데 하루 더 연장해야겠다.

_엉엉 울어버린 자다르

응?   응?

....응?

자다르의 미소 구름.

크로아티아 여행 후 거의 두 달 만에 다시 재입국한 영국. 기분 좋게 도착해서 입국 심사 기다리는데 줄이 너무 길어 완전 진이 빠진 상태였다. 드디어 입국 심사를 하게 되었는데 리턴 티켓도 없고 재입국이라 의심4)받기 시작했다. 통장 계좌에 있는 돈도 보여줬지만, 거짓말하지 말라며 추방당하고 싶냐 계속 의심했다. 진짜 너무 무서웠고 억울했다. 여행 첫날부터 쓴 영수증 노트를 보여주며 정말 여행이라고 증언하고 묻는 말에 취조당하듯 대답하며 30분 정도를 잡혀 있었다. 영수증들이랑 통장 내역 증거들 덕에 들여보내 준다며 6개월 여행 허가 도장 찍어줬다.

입국심사 끝나고 나오자마자 긴장이 풀리면서 펑펑 울고 숙소 찾아오는 길에도 펑펑 울었다. 내가 어떻게 준비해 온 여행인데 추방이라니. 이번 여행 중 가장 서러워서 울다가 미역 될 뻔한 하루.

그래도 오늘도 역시 최악은 아니니까.

_입국 심사 후 미역 된 날

---

4) 비자 없이 돈을 버는 외국인.

내일이면 그리울 오늘

지금 누리는 일상이 누군가에게는
그립거나 꿈꾸는 것일 수 있다.
특별하지 않은 평범한 일상은 없다.

특별한 일상

가장 좋아하는 색은 노란색.

잠시 장을 보러 해머스미스 역5) 내에 있는 6)테스코로 나왔는데 경보음이 울렸다. 계산을 끝내고 무슨 일인가 하며 나왔다. 출구를 향해 걷는데 사람들이 나랑 반대로 걸어가기에 갸우뚱했다. 그러던 중 지나가던 할머니께서 내 손을 잡아 몸을 돌리며 반대로 빨리 나가라고 하셨다. 나와 보니 경찰들이 둘러싸고 역 근처에서 떨어지라며 숙소 가는 길을 다 통제했다.

캐리어가 다 망가졌을 때도 입국 심사 때도 혼자라서 서러웠다고 그랬는데 오늘 같은 경우는 진짜 무서워서 울었다. 항상 운명론을 이야기하며 죽는 것도 정해진 것이라 믿었는데 작은 폭발음에 무서워 눈물이 펑 터져버렸다.

아파서 온종일 자다가 빵이라도 하나 사서 먹자고 잠시 나온 사이에 갑자기 울린 경보음에 혼란스러운 역 근처. 뒤로 물러나라는 경찰들과 구경하는 사람들. 혼자 웅크리고 민영7)이에게 전화 걸어 한참 울었다. 그래도 정말 최악은 아니니까.

역 앞 쓰레기통에서 작은 폭탄이 설치되어 있었다. 다행히 경찰이 미리 알고 대처를 잘해서 아무도 다치지 않고 마무리되었다. 작긴 해도 폭탄이 설치되어있단 것이 낯설면서도 무서웠다.

---

5) 런던 지하철 역.
6) 마트.
7) 이번 여행의 첫 동행이자, 런던에서의 동네 친구이자, 마음 잘 통하는 친구.

내년에 뭐하지, 졸업하고 뭐 하지, 고민이 참 많았는데, 오늘 폭탄
이 터지고 느낀 것은 당장 내가 하고 싶은 것을 하고 **후회 없이 하**
루를 행복하게 마무리하자는 것이었다.

오지 않을지도 모르는 내일을 위해 원하지 않는 일에 끌려 다니며
우울하게 사는 것보다 중요한 것은 **내가 오늘, 이 순간을 살고 있**
다는 것이다.

_처음 겪어본 폭발과 공포

앉기만 하면 잠이 든다.

좋아하는 도시 중의 하나인 자그레브. 사람이 별로 없는 자그레브의 밤을 즐기러 나와 돌아다니다가, 가만히 벤치에 앉아 이런저런 생각을 했다.

여행하며 기억을 조작하는 법을 배우고 있다.

여행하다 보면 맞지 않는 사람들도 만나고 기분 나쁜 상황들도 있다. 굳이 기억하지 않으려고 하고 있다. 좋은 일들만 매일매일 다시 생각하며

"어쩜 이렇게 운 좋은 여행을 하고 있을까"

라고 생각하며 나의 여행기억을 조작한다. 그렇게 여행하다 보니 하루하루가 행복한 것 같다. 나를 기분 나쁘게 하는 것들을 되뇌며 욕하는 시간에 좋은 것들만을 생각하며 나를 정말 행복한 사람으로 만드는 중이다. 아무튼, 자그레브는 정말 좋아하는 사람이랑 있고 싶은 도시야.

_기억 조작 중

1주일 내내 걸어도 예쁘던 자그레브.

자그레브에서 시간여행.

펍에서 만난 헝가리 친구들과 펍에서의 대화. 대화 속에서 내가 잘 알아 듣지 못 하는 표현은 다혜[8]가 설명해 주었고 그들은 점점 말을 천천히 했다. 내가 알아들을 수 있게 느리게 대화가 진행되었다. 다혜한테 알아듣지 못하는 부분을 물어볼 때면 가만히 기다려주었다. 절대 내가 부담을 느끼지 않게 해주었다. 내가 대답을 할 때면 다들 귀담아 들어 주었고 나의 문장들을 더 나은 단어들로 고쳐주었다.

Don't hesitate.

영어가 너무너무 좋고 너희 말 다 알아듣는데 다만 조금은 무섭다는 나의 말에 망설이지 말라며

"네가 좋은 사람이란 걸 우리는 알아.

우리는 그래서 너를 판단(평가)하지 않을 거야."

라고 말했다. 너는 정말 잘하고 있다고, 말하고 싶으면 말하고 하고 싶은 대로 하라고 했다.

_느린 대화

---

8) 브레이 해변에서 처음 만나 아일랜드의 추억을 함께 만든 소중한 친구.

펍에서 만난
두명의
헝가리 친구들.

방에 올라와서 공항으로 가는 택시를 알아보던 중 노크 소리가 들려서 나가보니 주인아주머니[9]셨다. 할머니[10]께 이야기 들었다며 아침 비행기인데 왜 공항 가서 자냐고 물으셨다. 비행기가 오전 7시라 5시까지 가야 하는데 새벽이라 그렇다 하니 바로 택시회사에 전화해 늦지 않는다며 다섯시로 예약해주셨다.

내가 이 집에 머물러서 너무 행복했다고 하니 "우리도 그랬어. 우리 가족 모두가 너를 참 좋아했어." 하셨다. 너를 전부 정말 좋은 사람으로 기억한다고 할머니가 특히 너무 좋아하셨다고 그랬다.

"그녀랑 대화는 어려웠겠지만 너를 정말 좋아했어."

그런 대화를 나누며 따뜻하게 안아주셨는데 눈물이 펑 터져버렸다. 네 시쯤 일어나더라도 아침 그대로 챙겨 놓을 테니 꼭 챙겨 먹고 나가라고 그리고 꼭 다시 오라고 하셨다. 그렇게 다시 한 번 포옹하고 눈물 펑펑 흘리다 인사하고 방으로 들어왔다.

여행 중 대부분 좋은 사람들을 만났고 너무 따뜻했다. 정말 인복이 많은 것 같다. 항상 더욱 감사하며 살아야지.

_따뜻했던 홈스테이, 정든 할머니

---

9) 아일랜드 더블린에서 홈스테이한 집의 중국인 호스트.
10) 호스트의 어머니.

나와 할머니.

아일랜드에서 한 달간 홈스테이했던 집.

라이브 카페 연주를 들으며 길가에 앉아 11)수민이와 기분 좋게 수다 떨고 있었다. 외국 여자애가 지나가다 누가 봐도 길을 잃은 듯한 표정으로 앞에 섰다. 내가 눈을 마주치고 웃으니 다가와 옆에 앉아 숙소 가는 길 좀 알려 달라던 여자애. 지도에 찾아보니 5분 거리에 있어서 수민이와 함께 찾아서 데려다 주었다. 생각보다 멀고 어려운 곳에 있었다. 페루에서 왔다고 했는데 만약 우리 없었으면 길에서 잤을 거라고 고맙다고 했다. 길 잃고 캐리어 끄는 일에 익숙하고 그 당혹스러운 마음을 잘 알기에 가방도 대신 끌어주고 끝까지 데려다 주었다.

여행지에서의 기억은 사람이 많이 좌우한다. 이 페루에서 온 친구도 길을 잃고 짜증났을지라도 기분 좋게 숙소에서 잠에 들 수 있었을 것이다. 물론 나도 이 순간 덕에 기분 좋게 잠을 잘 수 있을 것이다.

내가 어떻게 사람을 대하느냐에 따라 내가 받는 대우도 달라진다. 외국인도 우리와 다르지 않다. 나의 여행 기억도 내가 만들어 가는 것이다.

_여행의 기억

---

11) 스플리트에서 동행한 동생

삼각대를 설치해두고
달려가서 아무렇지 않은 듯 서기.

"안녕하세요"

카페에 들어가려 하는데 갑자기 옆에서 들려온 인사. 고개를 돌려보니 예쁜 이 친구들이 활짝 웃으며 인사를 건네고 있었다. 한국말을 할 줄 아느냐고 묻자 조금 할 수 있다고 했다. 그 순간은 너무반갑다 보니 오히려 말이 잘 나오지 않아 급하게 인사를 마무리하고 카페에 들어갔다. 아무리 생각해도 아쉬워 다시 나갔다. 내가다가가자 또 함박웃음으로 반겨주는 이 친구들. 한국에 올 거냐고문자, 아직 계획이 없다고 했다. 물가가 비싸다고 그러기에 한국에놀러 오게 된다면 꼭 나한테 연락하라고 했다. 다들 너무 기뻐해주는 모습에 내가 더 고마웠다. 한국드라마를 좋아한다며 이 친구들 모두가 반가워했다. 크로아티아를 좋아하냐고 서툰 한국말로 물어오는데 너무너무 귀여웠다. 그렇게 메일을 주고받고 자리에 돌아왔는데 이 친구들이 이번에는 나에게 다가와서 만약 시간이 괜찮다면 한국식당에 같이 가자고 했다. 나야 너무 좋다고 하니 한식이너무 먹고 싶은데 한인 식당을 보기만 했지 가보지 못했다며 같이가서 메뉴추천을 해달라고 했다. 그리고는 "감사합니다." 하며고개를 숙이고 인사를 하고 갔다. 자그레브에서 친구들을 사귈 거란 기대는 하지 않았는데 벌써 다섯 명에 친구들이 생겼다.

며칠 뒤 함께 한인 식당에서 저녁 식사를 했다. 식사 중 너무 즐겁다며 나를 위해 눈물 흘려준 친구와 밥 먹는 내내 나에게 집중해준이 친구들 덕에 시간 가는 줄도 모르고 수다 떨었다.

먼 나라이고 어쩌면 스쳐 지나갔을 지도 모르는 우리가 친구가 되었다는 것이 아직도 신기하면서 기쁘고 행복했다.

_자그레브에서 사귄 친구들

자그레브에서 사귄 친구들.

"가연아! 페이스북이든, 인스타든, 블로그든, 너 여행하는 것 보면서 운명을 믿는 너도 그렇고, 너의 시선이 담긴 사진도 모두 장르가 다른 영화의 한 장면들이란 생각이 들어!"

자그레브 이후로 방콕 하는 날 없이 돌아다니다 거의 한 달 만에 긴장도 풀리고 몸살도 오고 해서 머핀 두 개로 하루를 때우며 온종일 자다가 핸드폰 하다가 만 반복했다. 오랜만에 정말 아무것도 하지 않고 말도 안 하며 멍하니 하루를 보내던 중 받은 이 문자 한 통에 기분이 좋아졌다. 영국 아일랜드 크로아티아를 여행하며 매일매일 새로운 일상을 경험하고 있다. 그런데도 내가 뒤죽박죽 색깔 없는 여행을 하고 있다고 생각해 꼭 색깔 하나를 정해야 하는 것 아닌가 하는 생각이 들 때도 있었다. 그런 내 생각을 바보 같은 고민이었다며 무력화시켜버린 이 문자에 온종일 기분이 좋았다.

사람인생이 책 한 권, 영화 한 편 같다는 생각을 요즘 많이 한다는 12)다솜이가 예술 작품 남긴다는 생각을 갖자 했을 때, 내 여행이 어떻게 마무리될지 모르겠지만, 계획 없는 당장 내일도 기대가 됐다.

_장르가 다른 영화의 한 장면

---

12) 여행 가기 전 서로의 감성이 좋아 친해진 친구.

파리의 팔레 루아얄.

여행하며 눈에 보이는
모든 것을 세트장이라 생각하고 기분 좋게 사진으로 남긴다.

그냥 모든 부분이 마치 촬영장이라 생각을 하면
내가 이곳을 탐색해야 할 것 같고
책하나 넘겨도 바스락 소리가 날 것 같아 기분이 좋다.

딩글에서 한 카우치서핑.

사는 것처럼 여행하다 보니 나라마다 익숙해지는 일상이 있다. 그 느낌이 좋아 즐기다가 보면 금방 또 떠나야 할 때가 온다. 영화 'ABOUT TIME'의 엔딩장면을 다시 보게 되었다. 가장 좋았던 대사는

"하루를 위해서라도 그저 내가 이날을 위해 시간여행을 한 것처럼 나의 특별하면서도 평범한 마지막 날이라고 생각하며 매일 매일을 충실하게, 즐겁게 살려고 노력할 것이다." 이다.

꿈꿀 수 있는 시대에 사는 것만으로도 행복하다는 것을 느꼈고, 편안한 침대에서 자고 싶은 만큼 잘 수 있는 가장 기본적인 편의에 감사했다. 무언가를 의지로 바꿀 수 있다는 것이 얼마나 큰 선물인지를.

처음 런던에서의 4일 아일랜드에서의 한 달, 크로아티아에서의 2주 다시 또 런던에서의 한 달은 완전히 다르게 흘러가고 있지만, 이 특별하면서도 평범한 일상을 계속 즐겨야지.

_평범한 마지막 날

새벽 1시의 화이트 에펠탑 이후
볼 수 있는 블랙 에펠탑.

오늘 아일랜드를 떠나던 마지막 날의 일기를 보고 반성을 참 많이 했다. 아일랜드 일기를 보면 사진 속에서도 그 모습을 너무 예쁘게 담고 싶어 성의 있게 찍던 느낌이 일기 속에서도 느껴지는데 런던에 넘어온 후 주객이 전도된 느낌을 받았다.

솔직하게 일기를 쓰기 위해 사진을 찍었다.

아일랜드에서는 담고 싶어 사진을 찍었다면 런던에서는 담아야 하니까 찍은 느낌. 그래서인지 카메라를 들고 나가도 찍고 싶은 것이 별로 없었다.

모든 순간이 그리워질 수 있도록 매 순간을 소중히 여겨야지.

_반성 중

여름이 그리워서 온 크로아티아
두브로브니크에서의 첫 해수욕.

요즘 한국에 있는 친구들이랑 통화할 때마다 느끼지만 우울한 친구들이 참 많은 것 같다. 취업 준비하거나 했거나 해야 할 나이. 24살.

다들 행복하다 말할 수 있는 내가 신기하다고 그랬다. 대신 계속 그렇게 살아달라고. 그 이야기를 듣는 나도 우울했다. 친구들이랑 분명 같은 교실에서 공부했고 그림을 그렸었다. 그때는 대학 가려 준비하는 시기였지만, 오히려 행복하게 웃었던 것 같은데 왜 그 당시 목표하던 대학들을 졸업할 즈음에는 더 힘들어하는지. 그 때문에 괜히 그 힘들던 시기가 오히려 그리워졌다. 친구들과 마주하고 웃던 그 기억들.

다들 각자의 행복을 찾으면 좋겠다.

_행복하지 않을 나이 24살?

카메라가 쫓아다니는
느낌은 기분탓.

도미토리13)를 쓰다 보니 연령대가 다양하다. 또 블로그 일기를 봐주시는 분들을 보다 보면 중·고등학생부터 엄마와 연배가 비슷하신 분들도 계신다. 중·고등학생들에게 나는 그때부터 여행을 꿈꾸는 것이 부럽다고 이야기한다. 그런 나를 보고 20대 후반의 언니들은

"정말 어려. 하고 싶은 것 다 해봐. 진짜 하나도 안 늦었어요. 꼭 다 해봐요. 부러워요." 하신다. 그러면 30대 언니들은 그 20대 후반의 언니들을 부러워하신다. 그럼 또 30대 언니들을 40대 언니들이 부러워하신다.

우리는 모두 부러워하는 시기에 살고 있다. 다만 당장 내가 벗어나지 못하는 굴레 같은 일상 때문에 지금의 한계를 '나이'로 잡았을지도 모른다.

물론 나이가 들면서 책임감과 맡은 바가 많아지겠지만 모든 연령 상관없이 누군가는 불과 일 년 뒤의 내가, 더 나아가 10년 뒤의 내가 지금의 나를 보고 후회하지 않도록 어떠한 결정을 내리고 실천한다. 언제나 행복하기 위해 내가 결정해야지 무엇이든. 꿈을 꾸고 실천해가는 재미를 배우는 중.

_부러워하는 시기라는 것

---

13) 공동침실

크로아티아 스플리트 종탑에서
어렸을 적에 헤어진 쌍둥이 언니를 만났다.

14)MEET UP 을 하는 펍에 도착. 사실 고민이 되긴 했다. '내가 잘 어울릴 수 있을까. 사람은 얼마나 많을까. 다들 괜찮은 사람들일까.'

영어를 하고 싶어 혼자 영화를 보며 공부하는 시간 보다 이 시간이 더 알 찰 거라 생각하며 들어갔다. 가자마자 니콜라스라는 프랑스 친구를 사귀었다. 한국에서 교환학생을 한 학기 했다는 말에 긴장이 다 녹아내렸다. 니콜라스가

"강의를 들으면 너의 선생님은 하나야. 근데 길에 나오고, 너가 이런 곳에 오면 모두가 너의 선생님이야. 언어를 배우고 싶으면 계속 말을 해. 부끄러워 하지마. 그리고 절대로 포기 하지마." 라고 말했다.

_모두가 너의 선생님이야

---

14) 언어 교환 모임. 다양한 나라의 사람들이 모여 언어를 교환 함.

LONDON에 온 것을
환영하는 방법.

아빠와 통화 중
"너라도 그렇게 살라고. 하고 싶은 것 하면서."

오직 나만 생각해도 되는 여행

나는 아직 배고프다.

학교에서 교양을 들으면 다들 시작과 동시에 녹음기가 켜진다. 그리고 노트북 자판 소리가 들려온다. 교수님의 말을 단 한 글자도 놓치지 않고 담아가고 적어가는 수업. 그렇게 시험을 보면 그 모든 것이 담겨 답안지가 빼곡하다. 미국에서 살다 온 언니15)는 학생들이 그런 수업을 좋아하냐 물으셨다.

"당연하죠! 생각해서 쓰는 수업을 좋아하겠어요? 아니면 교수님의 모든 말을 그대로 외우고 적는 수업을 좋아하겠어요? 어렸을 때부터 무조건 외우는 방식이었어요. 답이 있으면 외우는 수업을 더 편해 하는 건 당연하지 않을까요?" (지극히 내 생각)

"우리는 어렸을 때부터 잘하는 것을 키우지 않고 부족한 부분을 채우기 위해 학원에 다녔어요."

우리는 단점과 부족한 점을 메꾸는 법은 익숙하지만 잘하는 것을 키우고 찾는 것에는 매우 미숙하다. 우리는 어쩌면 기계로 키워졌을지도 모르겠다. 나는 나 스스로가 공부를 열심히 했고 고등학교 때 공부를 잘했다고 생각했다. 하지만 내가 받은 점수들은 영어 본문을 달달 외우고 공식을 달달 외웠던 것들이었다. 나는 그저 암기력 점수가 높아졌을 뿐 그 길고 긴 시간 동안 수많은 주변 친구들과 복제가 된다는 걸 몰랐다.

---

15) 같은 숙소.

"나에게 더 집중할 시간이 필요한 것 같아요."

_ '나' 에게 집중하기

"당장 그리워질 오늘"

내일이면 분명 그리워질 오늘을 살고 있어요.
그게 정말 슬프면서도 행복해요. 슬픈 것은
익숙해진 이 순간을 떠나야 할 것이고
행복한 것은 그리워할 나날을 보내고 있단 거에요.

공항 노숙은 쉬운 것이 아니다.

장기 여행의 슬픔은 매번 친해지면 떠난다는 것이다. 나는 여행 중 정말 수많은 인연과 친구들과 이별을 했다. 이별이란 말이 거창할 수도 있겠지만, 항상 난

"또 혼자야 "

라는 말을 참 많이 했다. 살아보듯 여행하다 보니 숙소이동이 적어 매번 친해진 누군가를 떠나보내는 입장이었다. 누군가에게 내 소개를 하는 것도 지쳤었고 정을 주는 것도 참 무서웠다. 금방 헤어질 사이니까. 그런데도 나는 일관된 사람이라 또 정을 주고 있었고 지금도 곧 떠날 같은 방 동생들 친구 언니들과도 또 금방 친해졌다.

하지만 **역시 수많은 이별 후에도 이별은 여전히 무뎌지지 않는다는 것.**

_떠나는 사람들

스코틀랜드 에딘버러에서
우연히 발견한 장소와
우연히 만난 파란 하늘.

나리16): 일이 행복하지가 않아서 남들은 돈 때문에라도 한다고 하는데 나는 도저히 못하겠어서 그만뒀어. 내가 왜 누군가에게 무시를 받아야 하는지 모르겠어. 내가 알던 이가연은 쳇바퀴처럼 굴러다니며 바쁘게 살고 항상 무언가를 찾아서 해. 그래서 내 롤 모델이었어. 그렇지만 그런 이가연은 행복하다고 말할 사람이 아닌데 대체 뭐 때문에 행복하다고 하는지 눈으로 보려고 왔어. 확인하려고. 여유가 뭔지도 모르겠어. 여유가 뭐야. 대체 무슨 기분이지? 행복=돈이라고 생각해. 나는 우유부단해서 누군가 나에게 이렇게 해라 저렇게 해라 정해주면 좋겠어. 난 그래서 매번 물어봐. 엄마 난 뭘 하면 잘할까? 그래서 나는 못하고 있나 봐. 아무것도. 누가 좀 말해주면 좋겠어. 엄마도 그래서 나보고 가연이 보러 파리 다녀오라고 그랬고, 그래서 결정해서 온 거야.

라고 이런저런 대화들 속에 한 나리의 말들이다.

우선 우유부단함은 단점이 아니야. 누군가에게 의견을 묻고 답을 바라는 것이 왜 단점이야. 그건 진짜 살면서 별로 중요한 문제가 아닌 것 같아. 네가 의견을 물어 답을 찾는 데 도움이 되면 되는 거지 그걸 왜 너 인생에 있어 큰 문제라고 생각해? 무언가 안 한 것이 있다면 그냥 네가 안 한 거지 너의 우유부단함 때문이 아니야. 우리는 어렸을 때부터 수학을 못 하면 수학학원에 다녔고, 영어를 못하면 영어학원을 다녔어. 그게 큰 문제였어! **우리는 단점 보완해**

---

16) 파리에 오면 행복을 보여준다는 나의 말을 믿고 떠나와 준 친구.

야 할 점을 찾아 그걸 고쳐야 하고 향상해야 한다고만 생각했고 그렇게 자라온 거야. 그러다 보니 우리가 잘하는 것, 하고 싶은 것들을 찾는 걸 서툴러 하는 거지. 문제점만 이야기하게 되는 거고.

그리고 가장 중요한 건 뭐냐면 너는 그 행복을 보겠다고 파리에 왔다는 거야. 여기서 파리에 온건 중요하지 않아. 그걸 **결정한 것이 너라는 것이** 가장 중요한 거야.

같은 상황에서 대부분 사람은 그런 결정을 내리지 못할 수도 있어. 근데 너는 엄마가 가라고 해서 결정을 하고 왔다지만 의견을 제시한 것뿐이지 누구도 강요하지 않았어. 나도 너에게 행복을 보여줄게. 파리에 오라고 했지?

그런데 진짜 온 것도 너고 와서 무언가를 봐야겠다고 결정한 것도 너야. 모든 것에 있어 결정을 내리는 건, 내린 건 너야.

10년 뒤의 내가 지금 내 모습을 보면 후회할 것 같다고 하지 말자. 당장 내일도 오늘의 내가 후회스럽지 않게 행복하게 살자. 행복=돈이라고 생각하고 있다는 것도 그냥 너는 말만 할 뿐이야. 네가 만약 진짜로 행복은 돈이 많아야 하는 거라면 하다못해 돈 많은 사람이라도 만나려고 했겠지. 근데 너는 돈이 많으면 편하단 것을 아는 거지 그게 너의 행복의 기준은 아니었다는 걸 너는 알아야 해.

이것 봐. 나리야. 신기하지 않냐! 말하다 보니 너의 모든 문제는 별것이 아니었고 너는 이제 행복하기만 하면 돼. 여유가 뭔지 나도 몰랐어. 근데 여행을 혼자 하다 보니 알게 되는 것들이 있어. 런던에 있을 때 타워 브리지를 갔는데 거기에 앉아서 사진을 찍은 다음에 일어나서 다음 장소로 가려고 고개를 드는데 사람들이 가만히 앉아 있는 거야.

그게 여유야. 나리야.

타워브리지를 보며 가만히 앉아있는 것. 자고 싶으면 자도 돼. 노래 듣고 싶으면 노래 들어도 돼. 가만히 아무 생각 하지 않아도 돼.

다만 우리는 그게 너무 낯설었던 거야. 내가 생각하던 큰 문제, 큰 고민은 예쁜 햇살이 들어오는 아일랜드 버스 안에서, 캐리어가 부서졌을 때, 폭탄이 터졌을 때 그런 상황에서 해결되었어. 내가 여행을 하지 않았더라면 내 앞에 펼쳐진 모든 문제 상황은 최악이었을 거야. 스트레스 받으며. 근데 이제 무슨 문제가 생기면 '최악은 아니니까' 라고 말하고 있어. 예쁜 햇살을 보며 문득 답을 찾았고 햇빛과 그림자를 보고 행복하다며 감사함을 느껴. **행복은 정말 멀리 있는 것이 아니더라. 행복하려고 해봐. 행복은 생산하는 거야.** 나는 이런 것들을 보여주고 싶었어.

고작 24살.

평범한 대학생이 인생의 행복에 관해 이야기를 했다. 누군가는 '현실 감각 없는 소리'라 비웃을 수도 있고 '아직 세상을 몰라서 그래.'라고 할 수도 있지만, 내가 지금 이런 이야기를 하며 누군가를 위로하고 이 행복한 감정을 나눌 수 있음에 감사하다.

예전엔 대학, 회사로 보여주는 것이 엄마·아빠의 행복이라 생각했었다. 하지만 지금은 행복한 것, 행복하다고 말하는 것이 엄마·아빠의 기쁨이 되는 것을 느껴서 너무 행복하다.

_행복 강의

영화관 문을 열고 나왔을 때 내가 파리에 있었다.
영화를 영화관에서 보면 시각적인 것,
청각적인 감각들이 한동안은 영화 속에 있는 듯
사라지지 않고 남아있다.
그런 느낌을 갖고 문을 열고 나왔는데 내가 파리였다.
내가 정말 영화 속에 살고 있구나.

영화 '신비한 동물사전'을 보고 나오는 길

내일이면 그리울 오늘

실과 바늘은
여행에서 가장
즐거운 취미 재료들.

흰색 티셔츠에
붙어있던 천을 떼서
검정색 후드티에
옮겨 달았다.

완성!

바르셀로나 숙소 휴게실에서 나사에서 일했던 샌프란시스코 출신 할아버지를 도와드리게 되었다. 나사에서 일한 사람은 처음 본다며 멋있다고 그랬다. 할아버지와 이야기를 나누다가 나는 과학 점수가 좋은 적이 없어 나사에서 일한 할아버지가 존경스럽다고 했다. 그랬더니

"누구에게나 재능이 있어. 넌 다른 재능을 가졌고."

라고 하셨다.

다음 날, 바르셀로나의 벙커에서 지헌[17]이가 전공이 산업디자인이라 했을 때, 나는 투시력이 없고 자를 사용하여 무언가를 만드는 것을 잘 못 한다고 했다. 그때 지헌이가 **"그걸 못해도 다른 걸 잘하면 되죠."** 라고 해서 놀랐었다.

아직도 나의 부족한 점을 단점처럼 이야기하는 버릇이 나오고 있다.

_버릇

---

17) 바르셀로나에서 동행한 동생

소는 카우

바르셀로나에서 사귄 아르헨티나 친구 솔리. 솔리는 스페인어밖에 하지 못해 대화가 어려웠다. 서로 번역기를 돌려가며 대화를 했는데 그 번역기조차 이상하게 번역해 난감하기도 했다. 그런 솔리가 나에게 자신의 나라 돈을 친구가 된 기념이라며 선물로 주었고 어댑터가 없는 솔리를 위해 나는 어댑터를 선물로 주었다.

두 번째 밤에 솔리는 내가 휴게실에 있는 걸 알고 찾아와 같이 밥을 먹자고 했다. 우리는 대화를 위해 맥도날드에 노트북을 가져가며 꺄르륵 거렸다.

대화가 잘 통하지 않아도 친구는 마음으로 사귀는 것 같다. 언어는 여행 중에 큰 문제가 아닌 것 같다.

_마음으로 사귄 친구, 솔리

솔리와 나

"인생을 살아가면서 가슴 벅찬 행복을 얼마나 느낄지 모르겠지만.
파리가, 언니와 있던 시간이 그 시작이었을 거라고 생각해.
내 자신이 알고 싶어 시작한 여행인데, 내가 알았던 부분보다 내
자신의 좋은 점을 찾고 사랑하게 된 시간이었어."

나에게 이런 편지를 보내는 지혜

아빠가 가끔 친구들 이름을 대며
걔가 왜 좋으냐고 묻는다.

"나를 좋아해 주니까 좋은 것 같아.
내가 없어도 내 편이 되어주거든."

숙소 들어왔는데 위에 침대를 쓰는 미국에서 온 남자애가 오늘 뭐 했냐고 물었다.

"특별한 것 없었어. 친구들 만나고 왔어."라고 했더니

"특별한 하루 보냈네. 친구는 특별한 거야."라고 했다.

순간 멍하니 앉아 "왜 내가 그 생각을 못 했을까?"라고 말했다. 너무 당연해서 특별한지 몰랐던 것들이 있는 것 같다. 신촌에서 보던 너희를 무려 바르셀로나에 와서 보고 있는데.

_친구는 특별한 거야

"친구는 특별한 거야."

바르셀로나에 도착해서 느꼈던 것은 이제 어느 나라든 공항 가고 공항 벗어나는 건 참 쉽다고 생각했다. 생각이라기 보단 자만했던 것이겠지. 바르셀로나 여행 후, 해변을 보고 마지막까지 알차다 하며 짐을 찾아 공항 가는 길. 국철을 타야 해서 문제없이 공항 가는 방향으로 탔다. 당연히 여느 공항들처럼 '종점에 있겠지' 지레짐작하며 잠이 들었다. 중간에 일어났을 때도 아직 멀었나보다 하고 다시 잤다.

그다음 뭔가 이상함을 눈치 채고 구글맵을 켜보니 바르셀로나는 저 멀리 있고 나는 새로운 도시로 가고 있었다. 이때부터 완전히 당황해서 징징거리다가 정신 차리고 복도로 나왔다. 복도에 있던 스페인 남자에게 이 기차는 지금 어디 가고 있냐고 물으니 지도에 보이는 '타라고나'를 간다고 한다.

"나 공항 가야 해."

"그럼 바르셀로나로 돌아가야 해. 다음 정류장에 내려서 바르셀로나로 가."

정말 너무 당황해서 가방 들고 내리자마자 달렸다. 바르셀로나 가는 플랫폼을 확인하니 3분 뒤 출발. 캐리어 들고 열심히 달려 다녔다. 기차라 표도 새로 사야하지만 무대포로 다시 바르셀로나 방향으로 가는 기차 탑승. 검표원이 다가오는 걸 보고

"생각해 가연아 생각해" 혼자 중얼거렸다. [18)]솔리랑 했던 번역기가 생각나서 "나 공항가야해요! 자다가 여기까지 왔어요. 이 티켓으로 왔는데 바르셀로나 가는 기차 타라고 해서 탔어요." 라고 번역기를 돌려 보여주었다.

티켓검사 열심히 하며 추가 요금도 받는 광경을 봤기에 노심초사했는데, 소탈하게 웃으시며 티켓에 바르셀로나에서 공항까지 가는 기차 시간과 내려야 하는 시간, 거기에 플랫폼까지 적어주셨다. 그리고 내리기 전에 내가 있는 곳으로 다시 오셔서 한 번 더 확인해주셨다.

그런데 탑승시간이 7시 30분인데 그렇게 가면 7시 40분쯤에 공항에 도착한다. 지희랑 지혜[19)]한테 문자를 하며 이제는 웃음이 나오기 시작했다. 내가 집(파리)에 가는 기적을 보여주겠다며 기도하라고 했다. 그리고 공항 가는 지하철로 갈아타는 역에 내리면서 "제발 큰 역이어라. 큰 역이라 택시가 많아라. 현금인출기 있어라." 하며 혼자 중얼중얼하다 올라오니 큰 기차역이다. 직원으로 보이는 분께 달려가 현금인출기 어디 있냐고 문자 잘 못 알아들으셔서 당황하고 있는데 스페인 남자가 다가와서 통역해주며 알려주었다. 그라시아스! (감사합니다) 를 외치며 다시 달리기 시작.

---

18) 바르셀로나에서 사귄 아르헨티나 친구.
   스페인어 밖에 하지 못해서 번역기로 대화.
19) 바르셀로나에서 여행을 함께한 대학 동기들.

돈을 뽑자마자 역 밖으로 나가니 정말 기적처럼 택시가 줄지어 있다. 택시를 타고 공항에 도착하니 탑승시간 무려 30분 전에 도착. 짐 맡길 것이 없어 보안 검색대로 바로 가며 "제발 줄이 별로 없어라." 하며 또 달려가니 줄이 하나도 없다. 게이트 확인하고 달려가니 줄 서서 이제 막 탑승하려 하고 있었다.

여행 막바지에 긴장의 끈을 놓지 말라는 또 한 번의 실수와 수많은 행운 덕분에 지금 나는 편안한 내 침대에서 잘 수 있다. 그리고 가장 중요한 것은 기차에서 당황했을 때 창가에서 본 '타라고나'의 노을 지는 해변이 너무너무 예뻤다는 것. 그러니 다음에 올 때는 이렇게 잘 못 오지 않고 계획해서 '타라고나'에 와야겠다. 즐거웠던 바르셀로나! 그리웠던 파리! 일주일간의 짧지만 긴 여행 마치고 돌아왔다.

_이제 익숙해 질 때도 되지 않았니

이 정도면 현지인.

영원한 것은 없으니 더욱더 행복하게 하루를 마무리 하세요.
진심으로 행복하기.

지금의 행복 후에 또 다른 행복이 오도록.

여행 중에도 신발은 포기 못 해!

"돌아오고 싶지 않은 것 같아서
집이 너무 삭막했나 쪼끔 미안하기도 하고 서운하기도 하네."

여행 준비 기간 6개월간 하루도 빠짐없이 편의점으로 도시락을 싸주던 우리 엄마. 어느 날은 삼계탕 어느 날은 상추에 제육볶음. 내 친구들 불러 모아 밥 사주며 노래방도 같이 가서 노는 우리 아빠도. 츤데레[20] 같이 안 챙겨줄 것처럼 하지만 챙겨주는 부인하고 싶지만, 나랑 똑 닮은 성향 전혀 다른 우리 오빠. 누구 놀릴 때만 죽이 잘 맞는 우리 남매. 우리 집이 삭막하면 기준이 너무 빡빡하지.

다만 여행을 통해 배운 것도 느낀 것도 너무 많고 여유란 것도 행복이란 것도 알게 되어서 그래서 이 끝이 너무 아쉬워서 그렇지. 이 긴 여행을 반대 없이 허락해준 가족 덕분에 힘든 상황에서 투정 부릴 수 있었고 행복한 상황에서는 감사할 수 있었다.

여행하며 달라진 것은 감정표현이 참 좋다는 것. 내가 주변을 둘러보고 감사함을 느끼게 되었고 사랑함을 느끼게 되었다. 매 순간 바뀌어 가는 나를 볼 수 있는 여행. 한국 가서도 잘할게, 사랑해.

_사랑하는 우리 가족

---

20) 무심한 척 챙겨줌.

30년 전 엄마가
피로연에서 입은 옷을
런던에서 내가 입었다.

21)까르푸에서 아이스크림 한 통, 오레오 과자 한 줄 사와서 하나하나 부셔 먹으며 먹기. 초콜릿 아이스크림에 부숴 먹으면 더 달다. 가끔 입이 심심하면 사다 먹던, 오늘도 불과 몇 시간 진에 먹은 파리에서의 내 별미.

어제 동희22) 만났을 때도 오늘 사장님23) 만났을 때도 이야기하다 문득 집에 갈 날이 얼마 남지 않았다는 것에 눈물이 금방 맺혔다. 모든 것에 끝이 있으니 그 끝부터 다시 어떤 것이 시작될 기대감을 키우자며 항상 되뇌지만 생각처럼 쉽지 않다.

다섯 달, 여섯 달이란 시간을 여행하며 후회 없이 즐겼고, 많이 느끼고 배웠기에 한국에 돌아간다 하더라도 오히려 작년 한 달 여행 후에 집 갈 때 보다 덜 힘들 거란 생각을 했었다. 언제든 마음먹으면 다시 올 수 있는 곳이기에 서먹함이 덜 할 줄 알았는데, 막상 다가오는 귀국 날짜가 너무 가깝게만 느껴진다.

_가장 특별한 일상으로 마무리 중

---

21) 마트.
22) 파리에서 교환학생 하던 친구.
23) 파리에서 일을 도와주게 되면서 알게 된 명구 오빠.

파리에서의 별미.
아이스크림과 초코과자.

살아보듯 여행하는 여행자와 진짜 사는 사람의 차이.

여행자는 떠나다 보니 어떠한 풍경을 보고 감정을 표출하고
예쁜 곳을 다시 가기도 한다.
하지만
사는 사람은 언제든 다시 갈 수 있다는 생각 때문에
오히려 놓치는 것이 많은 것 같다.

자, 여기 보세요.

화이트 에펠24)을 보고 돌아오는 길, 메트로 의자에 먼저 앉은 25)
지원이 다리에 26)다솜이가 앉고 그 위에 내가 앉았다. 고개를 돌리
니 두 분의 다리에 앉아도 된다며 다리를 내어주시던 80대 노부부.
짧디짧은 불어로 하는 대화라 생각해보면 정말 별 이야기 나누지
않았지만, 대화 내내 웃음을 멈추지 않고 함께 메트로를 기다렸다.
순간순간이 소중해지고, 순간순간을 사랑해야 한다는 것을 이 사진
을 보고 알게 되었다. 두 분이 대화 내내 손을 꼭 잡고 계셨다는
사실이 왜 이렇게 설레는지.

_꼭 잡은 두 손

---

24) 새벽 1시에 소등되기 전에 볼 수 있는 화이트 에펠탑.
25) 재수학원 친구. 나와 여행의 끝을 함께하고자 파리에 왔다.
26) 숙소에 손님으로 와서 친구가 되어 크리스마스와 새해를 함께한 동생.

"꼭 잡은 두 손."

한국에서는 하루하루가 쳇바퀴 굴러가듯 같은 날들의 연속인
경우가 많다.
여행하며 가장 좋은 순간 중 하나는
매일 식사 때, 자려고 준비할 때 숙소 사람들과 오늘 뭐
했는지를,
오늘 하루가 어땠는지를 묻는 일이다.

프랑스에서는 주말마다
벼룩시장에 구경가는 재미가 있었지.

루브르도 들어가 보지 못했고, 베르사유 궁전도 퐁피두도 노르트르담 27)성당 내부도 가보지 못했다. 그렇지만 파리에 있는 3달 동안은 갔던 곳을 또 가고 또 갔고, 메트로에서 집 오는 길은 너무 편안해서 졸기도 하고, 졸다가 멈춘 아무 역이나 내려 골목골목을 다니다 노천카페에서 다이어리를 정리하고 편지도 썼다.

전시를 못 보는 날에는 영화관에 가보기도 했고 피자를 먹고 싶은 날이 많았지만, 파리에서의 가족 같은 언니 오빠들이 좋아하는 쌀국수를 더 자주 먹었다. 23킬로로 시작한 여행이 살아보듯 여행하다 보니 짐도 대략 55킬로 정도의 무게로 늘어났다. 마트에서 사 먹는 것조차도 맛있는 빵과 치즈, 엄청 단 초콜릿을 먹으며 내 무게도 늘렸다.

파리 오자마자 하고 싶은 일을 하게 되어 사진도 찍고 찍히며 사랑하는 파리 곳곳을 돌아다녔고, 민박집에서 두 달 간의 장기 투숙도 하다 좋은 민박집 사장님 덕분에 끝에는 스텝도 하며 좋은 사람들도 많이 만났다. 파리에서 추천할 카페가 없을 정도로 모든 노천카페 자체를 사랑했고 길 가다 앉은 카페에서 파리만 봐도 행복해서 웃었다.

작년 유럽에서의 첫 도시였던 파리, 너무 아름다웠던 파리의 환상이 깨져버릴까 걱정하며 다시 왔다. 런던에서 파리로 유로스타

---

27) 파리 여행 추천 코스들.

타고 넘어온 그 순간부터 행복함이 절로 느껴졌고 지금도 후회 없는 파리에서의 추억을 남겼다. 하루하루가 그리운 파리도 이제 곧 안녕 A bientot!(또 만나요!)

이제 하루 남았다. 하루가 갔고 하루가 왔다.

하루하루가 그랬다. 오늘이 특별했다면 내일도 특별할 것이고 평범한 일상이란 것들 모든 것이 기적 같은 것이다.

_하루가 가고 하루가 오고

스코틀랜드
에딘버러의 한 골목.

불확실한 미래를 걱정하지 말고
당장 내 눈 앞에 놓여 진 순간에 집중할 것.

저녁

- 여행 마무리

노을이 진다.
보랏빛 하늘의 파리.

걷고 또
걸었다.
유난히
맑은 하늘을 가진 날.

에펠탑 앞에서
수많은 사진을
찍었지만 계속 찍고 싶은 욕심이 난다.

집에 가는 길에
걷는 파리의
모든 곳을 사랑했다.

문이 열리고
닫히는 것을
보고 또 본다.

집에 오면
하루를
정리하며
영수증을 붙인다.

하루가 어떻게 끝이 나고
여행이 어떻게 끝맺음 되어야 하는지는
아직도 모르겠다.

가방에 추억 한 가득 채워넣을 때면
담지 못하는 순간들이 참 아쉬웠었다.

그런 하루가 지나갔다.
그리고 6개월이 지나갔다.
다가올 수많은 것들보다
떠나온 수많은 순간이
그리워 눈물이 났다.

내일이면
그리울 오늘을
살고 있다는 것.

당장 그리울 오늘이라는 것.

부록

\- 사진 찍는 팁

1. 다리길게 찍는 법

아랫부분을 뒤로 빼 몸에서 멀어지게 한다.
렌즈가 달린 상단 부분을 몸에서 가깝게 기울인다.

그리고 앉아서 촬영을 해야한다.
카메라로 촬영하는 경우 사진 속에서 처럼
잡는다면 왼손(아랫쪽을 잡은)은 몸에서 멀어지게
오른손(윗쪽을 잡은)은 몸에 가깝게 기울인다.

발끝 위치와 머리 위의 공간에 차이를 주어야 한다.
발 끝은 거의 사진 아웃라인과
맞닿도록 찍어주고 머리 위의 공간은 사진의
3분의 1 이상 남겨준다.

내일이면 그리울 오늘

2. 높은 곳을 공략하기

높은 곳에서 찍을 때는
위에서 아래로 찍는 것이 좋다.

내일이면 그리울 오늘

3. 풍경 예쁜 곳

누가 보기에도 예쁜 장소는
사진에 그냥 담거도 예쁘다.
다만 메인은 내가 되도록 닮는 것이 좋다.

내일이면 그리울 오늘

내일이면 그리울 오늘

4. 사진에 주인공 되기

전신 사진도 어렵고 구도 잡는 것이 어려울 때는
주인공 처럼 보이도록 찍는 것이 효과적이다.

내일이면 그리울 오늘

5. 일상의 모든 부분에서 남기기

관광지에서 벗어났고,
예쁜 배경이 있는 곳이
아니라면 더욱 현지인 같은 느낌을 낼 수 있다.

내일이면 그리울 오늘

6. 원근감

배경 속에서 원근감이 느껴지게 찍는다.
사진의 중심인 나에게 시선이 딱 집중되도록 한다.

내일이면 그리울 오늘

"나와 다르다고 남들이 틀린 것이 아니듯
다들 각자 어떤 것을 함에 있어 시작점과 끝점이 다를 뿐이다."

_본문, 남들 시선에서 벗어나기 중

INSTAGRAM : GA.VANA

BLOG : BLOG.NAVER.COM/GAAAYEON